Elfriede Jelinek · Wolken. Heim.

Elfriede Jelinek

WOLKEN.HEIM.

Steidl

1. Auflage Februar 1990

Buchgestaltung und Schutzumschlag:
Klaus Detjen
Satz, Druck, Bindung: Steidl, Göttingen
ISBN 3-88243-147-4

Dank an Leonhard Schmeiser
(»Das Gedächtnis des Bodens«)
und Daniel Eckert.

WOLKEN.HEIM.

Da glauben wir immer, wir wären ganz außerhalb. Und dann stehen wir plötzlich in der Mitte. Heilige, die im Dunkel leuchten. Wir sind immer fassungslos, wenn auch nur einer uns im Gedächtnis behält, über eine Zeit hinaus. An den Wegrändern sprechen sie seit Jahren und Jahren heimlich über uns. Das bilden wir uns nicht ein! Ein schönes Gefühl, in der Nacht über unsre Autobahnbrücken zu fahren, und unten strahlt es aus den Lokalen: noch mehr Menschen wie wir! Ein heller Schein. Die Figuren, Fremde wie wir, Reisende, strömen in die Busbahnhöfe, um sich zu verteilen, von Ort zu Ort, und wir kommen über sie wie der Regen, der zeitig in der Früh die Schuhe durchnäßt. Oder eines Tages an einer Wegkreuzung, wo wir uns stauen, Menschenfluten. Dort ist nichts, aber es strotzt vor lauter Zeichen von uns. Nach uns kommen andere, aber wir sind nicht nichts! Uns wird der Kopf schwer von uns. So zu fahren, das macht uns einzigartig. Da können sich noch so viele Schienen überkreuzen, wir liegen übersichtlich vor uns und den anderen Wanderern, gute, markierte Wege. Jetzt sind wir zuhaus und erheben uns ruhig.

Regt sich ein Sturm, wird das Jahr kalt, dann geht das Licht über unser Haupt, wir sind bei uns. Wo lebt Leben sonst? Schön bei sich sein. Wie wenn am Feiertage, das Feld zu sehn, ein Landmann geht, des Morgens, wenn aus heißer Nacht die kühlenden Blitze fielen die ganze Zeit und fern noch tönet der Donner. Wir schaudern vor den andren. Wir führen uns ebene Wege. Wir weichen nicht aus, denn wir gehören uns. In sein Gestade wieder tritt der Strom, und frisch der Boden grünt. Schön bei sich sein und bleiben, und es trinken himmlisches Feuer jetzt die Erdensöhne und kommen zu uns ins öde Haus. Es gibt uns. Es gibt uns. Wir sind allein, aber schön bei uns. Des Vaters Strahl, der reine, versengt uns nicht und tieferschüttert, die Leiden des Stärkeren mitleidend, bleibt in den hochherstürzenden Stürmen des Gottes, wenn er uns naht wenn er uns naht. Wir sind bei uns zuhaus.

Gerettet. Das Licht scheint auch den Toten, aber wir machen uns breit drunter, liebliche Gärten. Die Freiheit das einzig Wahrhafte des Geistes. In uns haben wir unsre Mitte und sind zuhaus. Droht uns der Nordwind auch, wir fallen nicht von den Ästen ins Laub. Wir bleiben sitzen. Ruhig lächeln wir. Daheim. Wir haben nicht die Einheit außer uns, wir haben sie gefunden, sie ist in uns selbst und bei uns selbst. Die Freiheit. Die Materie hat ihre Substanz außer ihr, der Geist aber ist das Bei sich selbst Sein. Wie wir. Wie wir. Zuhaus sein. Bei sich sein. Verharren und es kommen sehn! Und was wir sahn, das Heilige, ist unser Wort. Und hielten wir uns in der Nacht, wir wären doch geduldig in unserm Bann und lächelten uns an. Wir wären uns gewohnt und wohnten unter uns. Wir glauben uns. Zu Haus sein, wenn Hohes wir entwerfen, so ist von neuem an den Zeichen, den Taten der Welt jetzt ein Feuer angezündet. Und wir, in Knechtsgestalt, doch Herren, aus denen der Laut des Herrschens quillt, wir sind erkannt. Zuhaus sein, von dort die andern sehn mit ihren stumpfen Stirnen, begraben im Boden wie Gold, Untote, wir aber sind zuhaus, wo wir hinwandeln zwischen Himmel und Erd und unter den Völkern das erste. Des gemeinsamen Geistes Gedanken sind, still endend, in unsrer Seele. Wir bezeugen uns: wir sind hier.

Uns gehören wir.

Wir sind bei uns. Nach festem Gesetze, wie einst, aus heiligem Chaos gezeugt, fühlt neu die Begeisterung sich, die Allerschaffene wieder. Es reißt uns hinauf, und nichtig fallen wir wieder zurück in Gefängniswände, doch hier sind wir. Egal, was über den Köpfen uns hängt. Wir sind hier. Unser Haus, gefüllt mit unserer Sprache, die auf uns ruht wie die

Natur, die uns wiegt. Sprache und Leben, und sinnlos das übrige. Wir sitzen selig mitten im Leid. Wir stehen auf, weil alles Warten und Gedulden doch vergebens war, und wir wie Pappeln blühen. Unser Wort genügt. Doch die Jahre der Völker, sah ein sterbliches Auge sie? Haben wir sie verkürzt, daß sie tiefer sich beugen, daß die leisesten Saiten ihnen verstummen vor uns? Daß enden mögen mit Freuden sie vor uns? Oder geduldig auch wohl im furchtsamen Bann wohnen, vor uns? Wenn sie alle, mit denen wir vormals trauerten, wenn unsre Städte nun hell und offen und wach, reineren Feuers voll sind und es auf andre werfen, wo einst die Musen waren. Wir sind wir. Zu eng begrenzt unsre Lebenszeit, zu enge Grenzen, wir schießen hervor, wir quellen wie Laut aus der Brust, wir gönnen den andern keine Blicke. Wir sind wir und scheuchen von allen Orten die anderen fort. Es rinnt uns Geist von der Stirne. Zu eng begrenzt unsre Lebenszeit. Die Orientalen wissen es nicht. Sie wissen nur, daß Einer frei ist, aber ebendrum ist solche Freiheit nur Willkür, Wildheit, Dumpfheit und Leidenschaft, und die Milde ein Zufall. Wir aber wir aber wir aber. Wir Lieben! Auch uns, so will es scheinen, kann niemand von der Stirne nehmen den Traum! Aber wir Guten, auch wir sind tatenarm und gedankenvoll! Wir! Aber kommt, wie der Strahl aus dem Gewölke kommt, aus Gedanken vielleicht, geistig und reif die Tat? Folgt die Frucht, wie des Haines dunklem Blatte, der stillen Schrift? Und das Schweigen im Volk, ist es die Feier schon vor dem Fest? Oder die Ruh vor dem Sturm? Oder der Wind, der vor dem Gewitter herfliegt? Oder wer scheucht uns hier fort, wir sind hier zuhaus! Wir sind hier zuhaus.

Vernehmlich sind wir laut, nie schlummern wir hinunter. Es gehört uns. Ohne Namen und unbeweint sind die andern. Wir sind hier zu Recht! In unsren Tälern wacht unser Herz uns auf zum Leben. Wir Wanderer, doch wir kommen wieder! Wir sind, unser gewohnt, weiter gegangen als wir wollten, doch wir kommen zurück. Wir blicken hinüber, den Nachbarn nicht fürchtend, wir treten ihm aufs Haupt. Wild ist und verzagt und kalt von Sorgen das Leben der Armen, und doch sind sie zuhaus. Es gehört ihnen, sie gehn ruhig ihre Bahn. Und die Zeit wächst. In unsren Tälern wacht unser Herz uns auf zum Leben. Wir Wanderer. Aber auch indem wir die Geschichte als diese Schlachtbank betrachten, auf welcher das Glück der Völker, die Weisheit der Staaten und die Tugend der Individuen zum Opfer gebracht worden, wo entsteht dem Gedanken, so entsteht dem Gedanken notwendig auch die Frage, wem, welchem Endzweck diese ungeheuersten Opfer gebracht worden sind. Wer hat es begonnen? Wer brachte den Fluch? Die zuerst das Maß verloren, unsre Väter, sie wußten es nicht, aber sie wollten es, es trieb ihr Geist sie. Unstet wehn, dem Chaos gleich, dem gärenden Geschlecht die Wünsche umher. Und sie treiben mit ihnen herum, schlau lächelnd. Die Hand strecken wir nach dem Nachbarn aus, um seine Wege in die sträubenden Wolken zu lenken und uns an seine Stelle zu setzen und auszuruhn. Wir brauchen Raum. Wir brauchen Ruhm! Wir sind noch nicht fertig. Es gehört uns, wir sind nicht von gestern. Froh kehrt der Schiffer heim an den stillen Strom, von Inseln fernher, wenn er geerntet hat. So kommen wir zur Heimat, und hätten wir auch Güter so viele wie Leid geerntet. Ihr teuern Ufer, ganz gehört ihr uns, und ein goldener Herbst verwandelt dem armen Volk in Gesänge die Seufzer. Wir sind bei uns daheim. Und die Selbstsucht steht am ruhigen Ufer und von da aus sicher genießt sie des fernen Anblicks verworrene Trümmermasse. Die andern haben auf eigenem Boden nicht das Sagen. Wir spülen sie fort mit unsren Schläuchen. Schlau sitzen wir auf ihren Plätzen und klar sind unsre Augen. Es gehört uns. Verehrte sichre Grenzen, der Mutter Haus und liebender Geschwister Umarmungen begrüßen uns bald und ihr umschließt uns, daß, wie in Banden, das Herz uns heile. Das Dach der Bäume umschließt unsre geselligen Füße. Tag und Nacht gehn über uns still hinweg, wir kauern uns zusammen und betrachten uns und was andre uns brachten. Wir erfreuen uns an der Nachbarn dämmrigen Gestalten. Drum steigen wir in unsre Busen nieder, gleich einem Schacht, vieltausendfacher Schrei, und graben, kalt wie Erz, uns ein vernichtendes Gefühl hervor. Da sind sie, die andern! Jagt sie, bis seliger Tage Erinnerung sie gewesen sein werden. Sie sollen das Zeitliche segnen! Wie leergetrunkene Flaschen träufeln auf unsren Boden, der uns aufnimmt und, Untote, wieder ausspuckt. Fern noch tönt unser Donner. Wir sind hier. Dort sind die andern. Aber wir nicht, wir nicht! Wir gehören uns. Und immer wieder, wie Kinder, schuldlos sind unsre Hände.

Die Neger, sehn wir sie an, sind als eine aus ihrer uninteressierten und interesselosen Unbefangenheit nicht heraustretende Kindernation zu fassen. Sie werden verkauft und lassen sich verkaufen, ohne alle Reflexion darüber, ob dies recht ist oder nicht. Das Höhere, welches sie empfinden, halten sie nicht fest, dasselbe geht ihnen nur flüchtig durch den Kopf. Sie blühn bewußtlos an ihren Ufern. Ach, wie gebrechlich ist der Mensch! Noch vor kurzem, hoch auf des Lebens Gipfeln, rauschten wir! Hinaufgerissen hat's uns in den Schnee, uns junge Helden, Wange an Wange, mühelos tönend von unsrem Gesang. Und jetzt sind wir wieder zuhaus, unser Wirken fördert eine stillere Sonne. Die andren sind unten, tief im Tal. Wir aber, wir aber! Sind wieder zuhaus, schlafen und frieren am kalten Ufer geduldig, aber zuhaus. Bei des Fremdlings besondrer Stimme stehen die Herden auf, es regen sich die Wälder, es hört tief Land den Stromgeist fern, und schaudernd regt im Nabel der Erde der Geist sich wieder. Wir aber, wir lassen alle ruhen auf ewig. Wir aber stehn wieder auf. Wir gehören her und pflegen uns mit sorgender Liebe. Wir sind nicht die andren. Wir sind in uns, und sogar Gott bleibt draußen, er donnert und wird nicht erkannt. Wir brauchen ihn nicht. Für unsern Geist muß Gott mehr als ein Donnerer sein. Er geht mit uns, er gehört uns, oder er kann gehn. Wir brauchen nur uns! Bei den Negern aber führt nichts zum Bewußtsein eines Höheren. Der erste beste Gegenstand, den sie zum Genius erheben, ein Tier, ein Baum, ein Stein, wird ihre Macht. Wir sind wir! Gott, dort droben, er gehört uns! Nur uns rettende Stätte, nicht den andern. Oder er kann gehn. Die Neger. Nichts ihnen Verschiedenes, sondern gleichgültig was, die Willkür bleibt Meister ihres Bildes. Wir aber, uns segnet er, denn er kennt und gehört nur uns. Was schlafen sie, die Bergsöhne? Kennen drunten vom Vater die Boten nicht! Sie kommen zu uns! Doch wären wir nicht, niemandem tönte es in der Brust, über alles wandelt Gott hinweg, nicht aber über uns! Wir halten ihn, damit unser Traum nicht ende. Und tief quillt's, wenn hoch im Felsen wir schlafen, uns auf. Im Zorne reinigen wir, die Gefesselten, uns. Und mit liebenden Armen häufen wir Himmel uns auf die Schultern. Und wie Furien zerstören wir Nachbarschaft, wo andre gewachsen sind. Die müssen fort! Nur uns leuchtet über festem Boden das Leben.

Hiermit tritt dann das Germanische Reich, das vierte Moment der Weltgeschichte ein: dieses entspräche nun in der Vergleichung mit den Menschenaltern dem Greisenalter. Immer waren wir hier! Das natürliche Greisenalter ist Schwäche, das Greisenalter des Geistes aber ist seine vollkommene Reife, in welcher er zurückgeht zur Einheit, aber als Geist. Wir sind bei uns, unser Eigentum. Zufrieden reifen wir in unsrer Glut und blicken geschäftig zum Himmel, was kommt. Wir wissen es, denn wir wurzeln im Grund. Und werfen alles wie Kinder die Steine in den Abgrund, von Fels zu Fels. Wo, begehrt auf der Erde überall, könnten wir uns niedersetzen als hier, als hier. Wohl tut die Erde, zu kühlen. Wir haben den langen Weg zu machen. Bis wir bei uns sind, aber dann, aber dann, aber dann, wir sind unser Ziel! Und wir sind hier. Wir sind angekommen. Im Finstern wohnen die Adler, und furchtlos gehen wir Söhne über den Abgrund weg auf schmalen Straßen. Drum, da gehäuft sind rings die Gipfel der Zeit, und die Liebsten nah wohnen, ermattend auf getrenntesten Bergen, so gib unschuldig Wasser, so eil über unsre Hände, damit das Beste wir halten. Wir gehören uns und behalten alles. Wir schlafen über alles, aber einmal stehn wir auf. Und schauen in fremde Wohnungen, betasten alles und nehmen uns auf. Es gehört uns. Wartet nur! Was das Auge faßt, gehört uns. Die Länge der Zeit ist etwas Relatives, und der Geist gehört der Ewigkeit an. Eine eigentliche Länge gibt es für ihn nicht, und wir sind wir und dauern fort, wir sind noch fern, aber gleich sind wir da, Engel der Geschichte. Wir dauern fort, im Zwielicht, da wir gingen, im schattigen Wald, durch die Bäche der Heimat. Sie gehört uns. Wir! Nimmer kennen wir die Länder, doch bald, in frischem Glanze, geheimnisvoll im goldenen Rauche, blüht schnellaufgewachsen, eines, das wir nicht kennen. Und wir nehmen es uns. Wir sind fremd plötzlich. Aber wir nehmen es uns. Wir nehmen es plötzlich. Geblendet suchen wir uns, wir sind von Fremdem umschattet. Hier sind wir schon! Und finden außerdem im Osten die slawische Nation, die sind wir nicht! Die sind wir nicht! Ein Teil von ihr ist von der westlichen Vernunft erobert worden. Dennoch aber bleibt diese ganze Masse aus unsrer Betrachtung ausgeschlossen, weil sie bisher nicht als ein selbständiges Moment in der Reihe der Gestaltungen der Vernunft in der Welt aufgetreten ist. Ob dies in der Folge geschehen werde, geht uns nicht an, denn in der Geschichte haben wir es mit Vergangenheit zu tun. Wir sind uns selbst kein Rätsel. Wir finden schlafend uns in diesem Tal, das einer Wiege gleich uns bettet. Wie Federn umwehen uns die Lüfte, eine Göttin scheint uns zu pflegen, oh, ihr Freunde! Bleibt, wenn ihr seid wie wir! Da erwachen wir und blicken wie ein neugebornes Glück uns an. Und offen liegen wir vor uns wie ein schönes Buch, das sanft den Geist zaust. Und gehn wir noch so sehr in die Tiefe, wir können uns nicht fassen und unsre Gebärden nicht. Schon längst ist uns der Boden entzündet, der uns aufnimmt und wieder hergibt. Uns ist gegeben, an keiner Stätte zu ruhn. Der Boden hält uns nicht, er gibt uns wieder her. Es zieht des Lebens Forderung uns ab zuweilen, denn das Gemeine will ein Opfer auch, doch immer kehrn wir wieder zu dem vertrauten Geist zurück, der in der Götter, unsrer Sprache uns die Welt erklärt. Die uns gehört. Und kein

Geheimnis uns verbirgt als das Geheimnis nur von unsrer eignen Schönheit, das selbst ergründet werden muß. Nun sind wir hier, verschlossne Briefe, aber hier. Vor uns liegen wir, Untote, im Staub. Und kommen wieder hervor aus dem Boden, ewig sitzende Kinder auf Stühlen und Bänken, übertönt von unsren eigenen Lauten, die wir stammeln. Der Boden faßt uns nicht. Wir suchen das Weite und fassen es. Wir fassen es, und es gehört uns für immer.

Wir sind bei uns, erdentrückt. Auf der Erde kommen wir nicht zur Ruh, noch als Begrabene bleiben wir gegenwärtig, und wir kommen wieder, wir kommen wieder! Der Boden ist unser Übergang, hinüber ans Ende der Zeiten. Das Ende der Geschichte ist uns mißlungen. Sie kommt immer wieder auf uns zu, rasend auf ihren Schienen. Warum stirbt sie nicht? Was haben wir getan? Was haben wir getan? Warum wächst ihr die Hand aus dem Grab? Und zeigt auf uns? Wir wollen vergessen werden. Nur bei uns sind wir zuhaus. Die Blindesten aber sind Göttersöhne, denn es kennt der Mensch sein Haus und dem Tier ward, wo es bauen sollte. Doch jenen ist der Fehl, daß sie nicht wissen wohin, in die unerfahrne Seele gegeben. Denn wie wir anfingen, werden wir bleiben, soviel auch wirket die Not und die Zucht. Das meiste nämlich vermag die Geburt, und der Lichtstrahl, der dem Neugeborenen begegnet. Hier sind wir, aus heiligem Schoße glücklich geboren, in Städten, die wir gegründet haben. Und doch, zur Ruhe kommen wir nicht im Boden. Unsre Geschichte ist die der Toten, bis der Boden endgültig verstummt. Nicht lieben wir, wie andre Kinder, in Wickelbanden zu weinen. Lachend zerreißen wir die Schlangen und stürzen mit der Beut. Und wenn in der Eil ein Größrer uns nicht zähmt, uns wachsen läßt, wie der Blitz müssen wir die Erde spalten, in der wir rastlos liegen, und die Bezauberten fliehn die Wälder uns nach und, zusammensinkend, die Berge. Wir sind hier. Wir sind angekommen und ruhn uns aus. Keiner will sparen uns das eilende Leben. In seiner Höhle suchen wir den Wolf. Es kann nicht fehlen, glaubt es uns, es geht für alles ja, was heilig ist und hehr, für Tugend, Ehre, Weib und Kind und Leben. Denn die kranke, abgestorbne Eiche steht dem Sturm, doch die gesunde stürzt er nieder, weil er in ihre Krone greifen kann. Nicht jeden Schlag ertragen soll der Mensch, und welchen Gott faßt, denk ich, der darf sinken. Wir, wir Menschen fallen ja nicht für Geld, auch nicht zur Schau. Wir sind hier, in den Boden zu sickern wie Wasser. Von Klippe zu Klippe geworfen, Jahr lang ins Ungewisse hinab.

Geh zu deinen Freunden, die du dir gewählt, dort steht ein Mensch, den kenn ich! Aber komm wieder! O nehmt uns, nehmt uns mit in die Reihen auf, damit wir einst nicht sterben gemeinen Tods! Umsonst zu sterben, lieben wir nicht, doch lieben wir, zu fallen am Opferhügel fürs Vaterland, zu bluten des Herzens Blut fürs Vaterland – und bald ist's geschehn! Zu euch, ihr Teuern! Komm ich, die mich leben lehrten und sterben, zu euch hinunter! Der Boden faßt uns alle, und, mit unsern Körpern getränkt, nehmen wir ihn uns wieder. Laßt uns schreien, denn wir wollen wieder geboren werden! Aus der Erde, die uns gehört, nachdem wir die Nacht verjagt haben. Sie gehört uns! Wir wohnen hier! Brüderlich ist's hier unten bei uns, und Siegesboten kommen herab von euch. Lebe droben, o Vaterland, wir, hier unten, achten auf dich und stoßen die Schätze des Bodens mit unsern müden Füßen ans Licht. Zähle nicht die Toten! Dir, Vaterland, Liebes, ist nicht einer zu viel gefallen. Zu lang schon walten wir unter den Füßen der andern, jetzt ist es Zeit, du in der dunklen Wolke, Gott der Zeit! Jetzt kommen wir und sind zuhaus dort unten. Die Erde bebt. Wir zittern dort in unsrer eignen Kälte und wärmen unsre Körper aneinander. Hier sind wir alle. Und einmal treten dann endlich wir in vollendeter Klarheit heraus. Leben das Neue oder lassen das Nichtige wenigstens entschieden fallen und stehen aufmerksam da, ob irgendwo der Fluß des Lebens uns ergreifen wird oder, falls wir nicht so weit wären, die Freiheit wenigstens ahnen und sie nicht hassen oder vor ihr erschrecken, sondern sie lieben. Wir wir wir! All diese ursprünglichen Menschen wie wir, ein Urvolk, das Volk schlechtweg. Deutsche! Deutsche! Deutsche!

Doch die Fremden, die nicht zu uns gehören, von fernen Städten geschäftiger Lärm. Im Geblätter rauscht es und schimmert. Der Boden, in dem wir liegen, schwankt, ein furchtbarer Schlag durchdröhnt ihn. Wir kommen heraus! Hinter uns andre Wanderer, sie folgen unsrem Andenken. Nicht eine Träne kosten sie uns! Ergeben sich drein, ein Zweites zu sein, und Abgestammtes. Ein Anhang zum Leben sind sie, das von ihnen, oder neben ihnen, aus eignem Triebe sich regte, ein vom Felsen zurücktönender Nachhall einer schon verstummten Stimme, sie sind, als Volk betrachtet, außerhalb des Urvolks, und für dasselbe Fremde, und Ausländer. Sind nicht wie wir, nicht hier zuhaus in unserm Boden und werden vom Gebirge nicht gehalten. Der ernste Wald, er birgt sie nicht. Mit Wolken tränkt das Gewitter dich, du dunkler Boden, Ruhestätte, aber mit Blut der Mensch. So schweigt, so ruht er, der sein gleiches droben und drunten umsonst erfragte. Ruht sich aus. Wo spricht sich aus das Herz, wo ruht es endlich? Bei uns, im Boden sind wir heimisch. Wo wirds wahr, was uns, bei Nacht und Tag, zu lange der glühende Traum verkündet? Hier, wo die Opfer fallen, zu uns herabfallen, hier, ihr Lieben, hier!

Wir sehen uns, in unsern Gräbern, es ist kein Zweifel mehr. Mit einer Silbe ins Unendliche gesprochen, ein Wort sind wir, ein Anfang, ein Gedanke noch, doch schreiten schon zur

Tat herauf. Wir! Hinterm Fenster, wo der Sturm die Schwingen uns aufregt, lächelnde Beute. In der Nation, die bis auf diesen Tag sich das Volk schlechtweg oder Deutsche nennt, ist in der neuen Zeit Ursprüngliches, wenigstens Ursprüngliches an den Tag gebrochen, und Schöpferkraft hat sich gezeigt. Neues! Und wer an ein festes beharrliches, und totes Sein glaubt, der glaubt nur darum dran, weil er in sich selbst tot ist und, einmal tot, kann er nicht anders, als dran glauben. Die Tiefe verführt uns, der Boden spricht vom Gestein, in dessen Nischen wir liegen. Wir kennen die Tiefe und was in ihr wächst. Wir sind es. Wir haben diesen Glauben an den Tod, im Gegensatz mit einem ursprünglich lebendigen Volke Ausländerei genannt. Diese Ausländerei wird, wenn sie einmal unter den Deutschen ist, sich auch im wirklichen Leben derselben zeigen, als ruhige Eingebung in die Notwendigkeit des Seins, als Aufgeben aller Verbessrung unsrer selbst oder andrer durch

Freiheit. Wir müssen hier bleiben, in der Erde, die Steine fallen herab und töten. Denn nicht ratsam ist es, uns Helden zu trotzen. Schon wogen wir hinab von unsern Hügeln, hinab ins Tal, wo keck herauf die Würger dringen, sicher der Kunst und des Arms, doch sichrer kommt über sie die Seele der Jünglinge, denn wir Gerechten schlagen, wie Zauberer, und unsre Gesänge lähmen die Knie der Ehrlosen. O nehmt uns nehmt uns mit in die Reihen auf! Und laßt uns bei uns bleiben!

Der Deutschen gedenken die Deutschen gewöhnlich zuletzt, entweder aus Bescheidenheit, oder weil man das Beste für das Ende aufspart. Noch sind wir ein Wort, doch reifen schon zur Tat. So scheidet der Boden jene, die fremd, ahnungslos sich ihm nähern, von jenen, die seine Gesetze kennen, den Einheimischen. Nur wir wohnen hier! Tödlich ist unser Boden den Fremden. So wollen wir die Witterung benutzen, sie wolln nach unsern Häuptern greifen, sie wollen es, nun, so greifen wir schnell nach ihren! Wie Fluten am Gestade, wogen höher und höher die Wandelbaren. O ihr Guten, auch wir sind tatenarm und gedankenvoll! Aber kommt, wie der Strahl aus dem Gewölke kommt, aus Gedanken vielleicht, geistig und reif die Tat? Folgt die Frucht, wie des Haines dunklem Blatte, der stillen Schrift? Brüder der Arbeit, die uns, wie Erz, aus dem Boden heben. Aus Nichts, ins Nichts. Und wir Alraunen schrein, wenn man uns ausreißt aus unsrem geweihten Gebirg. Alle sind Brüder, die aus demselben Blute kommen und ein gemeinsames Schicksal haben. Und das schönste ist, daß wir selbst unsre Worte zur Wahrheit machen. Wir Jungen tasten uns voran. Und dann sehen die Ausländer in Deutschland nicht, was unter der Decke liegt. Unter dem Haar des Bodens, drunten, in der Erde. Wir sind es! Und unser Wort ist am Boden festgebunden, in uns. Wir werden geschichtet, Gerippe der Geschichte, zu

Bergen, über die rauschend die Wasser stürzen, wie werden wir, die gewaltigen Massen, emporgeschichtet, wo sammelt der Bergstrom seine Wasserfülle, die aus geheimer Kluft mächtig hervorbricht? Was hält uns zusammen, bevor wir hinausschießen, Wasserfluten, in die Ebene? Nie mehr gebändigt unter Bäumen und Gebüschen im Wald, unter den Felsen und Grotten der Einöde. Man muß uns nur Zeit lassen, wir sind noch nicht fertig. Wir tasten uns voran, bald sind wir zuhaus. Wann erscheinest du ganz, Seele des Vaterlands, daß wir tiefer uns beugen, daß die leiseste Saite selbst uns verstumme vor dir, daß wir beschämt, eine Blume der Nacht, himmlischer Tag, vor dir enden mögen mit Freuden. Wenn sie alle, mit denen wir vormals trauerten, wenn unsre Städte nun hell und offen und wach, reineren Feuers voll und die Berge des deutschen Landes Berge der Musen sind, wie die Herrlichen einst, und rings unter des Vaterlands goldnem Himmel die freie Freude glänzt, dann sind wir zuhaus. Und die Deutschen haben Gemüt, diese Totalität des Geistes in Beziehung auf den Willen, worin der Mensch auf ebenso allgemeine und unbestimmte Weise die Befriedigung in sich hat. Wir sind wir und wohnen gut in uns. Dort leuchten Lichter auf. Die Stadt! Wir liegen ruhig und können nicht herauf. Zerstört muß werden, wenn neu geschaffen werden soll. Wohl ist eng begrenzt unsre Lebenszeit, unserer Jahre Zahl sehen und zählen wir, doch die Jahre der Völker, sah ein sterbliches Auge sie? Wenn die Seele uns aber die eigene Zeit sich, die sehnende, schwingt, trauernd verweilen wir dann am kalten Gestade bei den Unsrigen und kennen sie nie. Und die Künftigen auch, sie, die Verheißenen, wo, wo sehen wir sie, daß wir an Freundeshand uns einmal wieder erwärmen? Denn kalt ist's bei uns. Was suchen wir bei den Toten? Das Leben! Wir warten auf unsre Zeit.

O Vaterland, sie ernten den Gedanken, den Geist von dir. Sie pflücken gern die Traube, doch höhnen sie dich, ungestalte Rebe! Du Land, wo wir zuhaus sind! Unterm Boden gefesselt, wir sind der Sockel, der die Statuen der Sieger trägt. Du Land der Liebe! Sind wir die Deinen schon, oft zürnen wir weinend, daß du immer blöde die eigene Seele leugnest. Oft standen wir überschauend das holde Grün, den weiten Garten hoch in deinen Lüften auf hellem Gebirg und sahn dich. An deinen Strömen gingen wir und dachten dich und warn zuhaus. Indes die Töne schüchtern die Nachtigall auf schwanker Weide sang. Und wir darunter, unsre Sprache ist tief, und wir sprechen die Sprache der Tiefe. Gehobene Schätze, thronen wir plötzlich auf der Spitze des Berges. Überschaun das Feld, auf das wir, blutiger Same der Geschichte, gestreut sind, um wiedergeboren zu werden.

Der Wille zum Wesen der deutschen Universität ist der Wille zur Wissenschaft als Wille zum geschichtlichen geistigen Auftrag des deutschen Volkes als eines in seinem Staat sich selbst wissenden Volkes. Wissenschaft und deutsches Schicksal müssen zumal im Wesenswillen zur Macht kommen. Und sie werden es dann und nur dann, wenn wir einmal die Wissenschaft ihrer innersten Notwendigkeit aussetzen und wenn wir zum anderen dem deutschen Schicksal in seiner äußersten Not standhalten. Wenn Platons frommer Garten auch schon nicht mehr am alten Strome grünt und der dürft'ge Mann die Heldenasche pflügt, und scheu der Vogel der Nacht auf der Säule trauert. O heil'ger Wald, wir sind bei dir zuhaus. Und wir? Ist denn einer auch von unsren Jünglingen, der nicht ein Ahnen, ein Rätsel der Brust, verschwiege?

Wer will nicht, durch Tun oder Denken, ein Samenkorn streuen zu unendlicher immer fortgehender Vervollkommnung seines Geschlechts, etwas Neues, und vorher nie Dagewesenes hineinwerfen in die Zeit, das in ihr bleibe, und nie versiegende Quelle werde neuer Schöpfungen; seinen Platz auf dieser Erde, und die ihm verliehene kurze Spanne Zeit bezahlen mit einem auch hienieden ewig Dauernden? Volk und Vaterland in dieser Bedeutung, als Träger und Unterpfand der irdischen Ewigkeit, und als dasjenige, was hienieden ewig sein kann, liegt weit hinaus über dem Staat im gewöhnlichen Sinn des Wortes. Nun, sei gegrüßt in deinem Adel, mein Vaterland, mit neuem Namen, reifeste Frucht der Zeit! Mit unserm Blut getränkt, verliert der Boden sein Gedächtnis. Wir sind zuviele. Das Vaterland ist nicht der Boden. Es ist in uns. Das übrige mag in Flammen aufgehn, wir werden uns dran wärmen. Wir sind wir! Wasch die Erde, dein deutsches Land, mit deinem Blute rein! Und wir, die darunterliegen, Zeichen unsrer selbst, wir kommen herauf auf den Hügel und werden zerstreut. Der Wind nimmt uns mit. Wir liegen über dem Land und verhallen in der Tiefe, Geister der Stille. Oder diese unerträglichen Entzückungen, dieser ganze Betrug, in den ein Mensch sich in der bisherigen Gesellschaft flüchten mußte – Himmel, Beichte, Sekte, eben weil er eine Seele hat, im Unterschied zum Affen denkt, und wo er sich genau nur verlieren, sich selbst betrügen, entfremden, zum Schwein, zum Ekel werden konnte. In der Isolation der Folter jetzt ganz nackt: Mensch und Imperialismus, was sich ausschließt. Was rauskommt, ist diese einzige Produktivkraft, auf dies ankommt: revolutionäre Gewalt, die Fähigkeit zur Gegengewalt. Wie wenn die alten Wasser, in andern Zorn, in schrecklichern verwandelt wieder kämen, zu reinigen, da es not war, so gählt' und wuchs und wogte von Jahr zu Jahr rastlos und überschwemmte das bange Land die unerhörte Schlacht, daß weit hüllt Dunkel und Blässe das Haupt des Menschen. Fragst du mich im allgemeinen, wie der Kampf enden wird? Ich antworte: mit dem Sieg. Fragst du mich aber im besonderen, dann antworte ich: mit dem Tod. Und sollen wir die Pflanze, die wir selbst zogen, bloß weil sie sich ein wenig zu rasch und üppig in die Blume warf, mißgünstig in den Staub darniedertreten? Zuhaus sind wir, daheim. Festgestampft der Boden über uns, geschlossen das Tal, jetzt aber tagt's.

Wir stehen auf. Jetzt kommt vom Walde der Hirsch, aus Wolken das Tagslicht, hoch in heiterer Luft siehet der Falke sich um. Aber unten im Tal streckt das Dörfchen bequem über der Wiese sich aus, darunter wir liegen. Still ist's hier, wir sind zuhaus. Aus unsren Knochen steckt ein Teppich im Boden, und Wasser sickert hinein. Und kein Kämpfer hört auf. Und auch, wenn du die Knarre nicht mehr halten kannst, entläßt dich dieser Kampf um revolutionäre Politik nie. Schon und das ist das wenigste: weil der Kampf gegen dich nur aufhört, wenn du uns verrätst, bestimmt hier, wo du 24 Stunden am Tag um dein Bewußtsein kämpfen mußt. Sind wir zuhaus? Nimmst du freundlich, wie einst, Himmel der Heimat, uns auf? Und der pflückenden Hand reichen die Zweige sich selbst. So bindet und scheidet manches die Zeit. Und so sind wir allein in der Erde. Es kehrt das Verhältnis von Leben am Licht und unterirdischem Tod sich um. Unsere Leichname rücken an die Oberfläche und erinnern an die Verwesung einstiger Herrlichkeit. Und viele Junge müssen dafür in die Tiefe, zu uns, die Geschichte stieß ihre Knochen von sich, jetzt liegen sie still, noch vor ihrer Zeit. Und sie werden mehr. Wir sind ein haufenweises Volk. Sobald einer wie ein Hund liquidiert werden kann, bleibt ihm nur noch übrig, mit allen Mitteln sein Gewicht als Mensch wieder herzustellen. Komm, ins Offne, Freund, komm in die Erde! Sei bei uns! Laß dich festschnallen und Nahrung durch den Schlauch fließen! Nur herunter zu uns, und eng schließet der Himmel uns ein. Trüb ist es heut, es schlummern die Gäng und die Gassen, und fast will mir es scheinen, es sei, als in der bleiernen Zeit.

Die drei Bindungen – durch das Volk an das Geschick des Staates im geistigen Auftrag – sind dem deutschen Wesen gleichursprünglich. Die drei von da entspringenden Dienste – Arbeitsdienst, Wehrdienst und Wissensdienst – sind gleich notwendig und gleichen Ranges. Denn nicht Mächtiges ist's, zum Leben aber gehört es, was wir wollen, und scheint schicklich und freudig zugleich. Aber kommen doch auch die segenbringenden Schwalben immer einige noch, ehe der Sommer, ins Land. Nur wir liegen still, zuhaus. Die du liebend erzogst, sieh, sie grünen dir, deine Bäume, breiten ums Haus den Arm. Gezogen aus dem Boden, in dem wir sind und bleiben. Heimisch und Fremde zugleich. Sichrer stehen die Stämme schon. Wir sind daheim, und allmächtig empor ziehet ein ahnendes Volk, bis die Jünglinge sich der Väter droben erinnern und aus der Erde kommen wollen, aber zu spät. Und dieses vernichtende Schweigen – der Körper schreit natürlich, der Schlauch wird ihm in den Rachen gestoßen – dieses Schweigen, das den Folterer vernichtet! Wir treffen hier, sage ich, auf das sehr alte Gesetz, das es irgendeinem Teil der Existenz verbietet, unberührt zu bleiben, wenn der Mensch seine unbegrenzte Menschlichkeit gleichzeitig fordert und behauptet. Seid jetzt zuhaus wie wir! Irrstern des Tages, erscheinest du, du auch, o Erde, in der wir liegen, friedliche Wieg bist du uns, und du, Haus unsrer Väter, nun wieder atmet ihr recht! Nun trinkt, ihr meiner Bäche Weiden! Ein Augenblick, und rechte Stapfen gehn, und als ein Herrscher, mit Sporen, und bei dir selber örtlich. Irrstern des Tages, erscheinest du. Sei zuhaus, geh in den Wolken des Wilds!

Wir sind zuhaus, wir, die Zungen des Volks, gebunden im Boden. Sind gern bei den Lebenden, wo sich vieles gesellt. Und manchen möchten wir zu uns laden, doch wir bleiben allein. Unser Vater, der die Entschlafenden, aufgerichtet an goldenen Gängelbanden, wie Kinder hält. Und tunkt ihr Haupt ins heilignüchterne Wasser. Laßt uns schlafen! Wir leben vorzugsweise in der Innerlichkeit des Gemüts und des Denkens. In dieser einsiedlerischen Einsamkeit des Geistes beschäftigen wir uns damit, bevor wir handeln, erst die Grundsätze, nach denen wir zu handeln gedenken, sorgfältigst zu bestimmen. Daher kommt es, daß wir etwas langsam zur Tat schreiten von den Heiligtümern, den Waffen des Worts, die scheidend ihr uns, den Ungeschickteren, zurückgelassen. Wohin wolln wir die Verwundeten retten? Auf die Intensivstationen – also in diesen dreckigen Kreislauf, in dem die Phasen sicher immer kürzer werden, von Infusionen, Maschinerie.

Dann wieder durch den Schlauch den Schlauch den Schlauch in die jahrelange Isolation, in den Verrat? Den Verrat? Sieg oder Tod war der eine Satz. Der andre Sieg und Tod – was einfach nur heißt: Gefangene, äußerste Defensive, totale Einkreisung. Der Inhalt ist Kampf ist Kampf. Die Blindesten aber sind Göttersöhne. Denn es kennt der Mensch sein Haus und dem Tier ward, wo es bauen solle, doch jenen ist der Fehl, daß sie nicht wissen wohin, in die unerfahrne Seele gegeben. Denn wie wir anfingen, werden wir bleiben. Zuhaus bei uns. Bis in den Tod kann aber ein Mensch auch im Gedächtnis das Beste behalten, und dann erlebt er das Höchste. Nur hat ein jeder sein Maß. Denn schwer ist zu tragen das Unglück, aber schwerer das Glück. In unserm Haus sind aber auch diese nicht Fremde. Sie leben dreifach, eben wie auch die ersten Söhne des Himmels. Hier schnallen sie uns jetzt fest. So ists einfach eine Anweisung geworden, keinen mehr sterben zu lassen, ohne mit allen

Mitteln so eine Entwicklung durch Gegenpropaganda neutralisieren zu können. Und das, natürlich, ist die Funktion der Intensivstationen im Haus. Worin auch die Vorstellung steckt, in der Agonie, den letzten Stunden, bräche vielleicht unser Wille und damit der Streik. Ein Gefangener, der in einer Klinik stirbt, ist als Kranker gestorben, ärztlich bis zum letzten Helfen – nicht im Kampf.

Alt sind sie geworden indes, sie bleichte der Eispol, und im Feuer des Süds fielen die Locken ihnen aus. Wir waren zuhaus. Von fernher kommen sie und müd bis in die Seele, um wiederzusehen dies Land. Noch einmal müßte die Wang ihnen glühn, und erloschen fast glänzt ihr Auge noch auf. Sind sie zuhaus bei uns. Wenn aber, ihr heimatlichen Wasser, jetzt mit euch des Herzens Liebe klagt, was will es anders. Denn voll Erwartung liegt das Land umschattet heut, ihr Sehnenden! Seid hier bei uns und wohnt gut unter uns und neigt das Haupt. Vergangne, die zu lieb uns sind! Kommt her! Denn euer schönes Angesicht zu sehn, als wär's, wie sonst, ich fürcht es, tödlich ist's, und kaum erlaubt, Gestorbene zu wecken. Nehmt Platz! Es setzt sich eure blaue Schar nicht mehr im blauen Himmel. Seid hier bei uns, im Vorspiel rauherer Zeit für uns erzogen. Wir können nicht verhindern, daß sie einige von euch töten. Wir können verhindern, daß sie alle töten. Wenn noch ein Gefangener stirbt, weil die Entwicklung immer noch nicht begriffen ist, wird keine Verhandlung möglich sein. Hier sind wir jetzt. Muß zwischen Tag und Nacht ein Wahres erscheinen. Und furchtlos gehn die Söhne der Alpen über den Abgrund weg auf leichtgebaueten Brücken. Drum, da gehäuft sind rings, um Klarheit, die Gipfel der Zeit, und die Liebsten nah wohnen, ermattend auf getrenntesten Bergen, so gib unschuldig Wasser, o Fittiche gib uns, treuesten Sinns hinüberzugehen und wiederzukehren.

Wissenschaft als Wille zum geschichtlichen Auftrag des deutschen Volkes als eines in seinem Staat sich selbst wissenden Volkes, Wissenschaft und deutsches Schicksal müssen zumal im Wesenswillen zur Macht kommen. Und sie werden es dann und nur dann, wenn wir wenn wir wenn wir dem deutschen Schicksal in seiner äußersten Not standhalten. Von selbst und eilend gehen wir zu Ende. Zuhaus sind wir, in den Staub unsres Gesangs geworfen. Die Toten wecken wir auf, die noch gefangen vom Rohen sind. Es warten aber der scheuen Augen viele, zu schaun unser Licht. Hier sind wir! Wir haben gedienet der Mutter Erd und haben dem Sonnenlicht gedient, aber wir blieben bei uns, innerlich im Frieden. Nehmt Platz! Für diesen Zweck muß freilich die natürliche Freiheit des einzelnen auf mancherlei Weise beschränkt beschränkt beschränkt werden, und wenn man gar keine andre Rücksicht und Absicht mit ihnen hätte, denn diese, so würde man wohltun, dieselbe so eng als immer möglich zu beschränken, alle ihre Regungen unter eine einförmige Regel zu bringen und sie unter immerwährender Aufsicht zu erhalten. Und worauf stützt sich unsre Sicherheit? Wir sind zuhaus zuhaus, und süße Linden duften neben den Buchen, des Mittags, wenn im Kornfeld das Wachstum rauscht, an geradem Halm, dann sind wir da!

Der Wille ist eben kein Besitz, er ist der Motor. Er wird stark, was er werden muß, dadurch daß man kämpft. Du mußt es jeden Tag der Maschine abringen. Es ist unerträglich und es ist schwieriger, wenigstens die ersten Tage auszuhalten als wirklich jede vorstellbare Aktion – weil sie eben alles haben und du nichts. Und es gehet an die Scheitel dem Vater. Wir! Es werden die Himmlischen schwach, damit das Reine sich kenne. Wir sind bei uns. Wir! Das letzte aber ist, auf düsterem Rasen, daß aus guter Brust das Labsal der Schlacht, die Stimme quillt uns aus dem Mund. Vom Höchsten wolln wir

nicht schweigen, wir sind daheim und sprechen, was wir fassen können. Soviel tragen wir nachhaus. Wind komm herzu aus den vier Winden, und blase an diese Getöteten, daß sie wieder lebendig werden! Zu uns kommen aus der Erde! Zu uns, sie gehören zu uns! So wird der Wind, so werden Stürme und Regengüsse und sengender Sonnenschein die Totengebeine gebleicht haben, der belebende Atem der Geister hat noch nicht aufgehört zu wehen. Zu uns! Er wird auch unseres Nationalkörpers erstorbene Gebeine ergreifen und sie aneinanderfügen, daß sie herrlich erstehen in neuem verklärtem Leben. Und wir mittendrin! Und wir! Wir öffnen die eigene Brust uns und spritzen uns tropfenweis in den Staub. Da sind wir, und da bringen wir sie hin, unsre Opfer, die Toten.
Es brauchet Furchen die Erde und Stiche der Fels. Unwirtbar wären wir sonst. Gestorben auf hoher Straß. Wandersmänner, gingen wir zornig mit. Zu uns, wo wir

wohnen. Nachhaus. Nachhaus.
Nachhaus.

Die alte und durch und durch bewahrte Innigkeit des deutschen Volkes hat aus dem einfachen, schlichten Herzen den Umsturz vollbracht. Was ist es, das an die alten seligen Küsten uns fesselt? Daß wir bei uns bleiben. Uns dämmern die Augen. In der Scholle des Vaterlands wollen wir uns verwurzeln und sind doch schon da! Es ist die Mutter unsrer Gedanken und Sehnsüchte. In Deutschlands hohen Schulen wird viel gearbeitet, aber wenig für die Zukunft getan. Das sind alles nur Handlangerdienste. Doch wir reifen zur Tat. Niemals kann uns Kathederweisheit erlösen. Dies Volk wirkt an seinem Schicksal, indem es seine Geschichte indem es sich seine geistige Welt immer neu erkämpft. Gern wollen wir zur Erinnerung den andern werden, aber wir bleiben wir. Zuhaus. Doch in der Mitte der Zeit leben ruhig wir und gern, zur Erinnerung den Unbedürftigen. Von

Geburt an von unsren Aufenthalten gezeichnet, wo der Strahl nicht brennt im Schatten des Waldes. Wir meinen, es wäre sonst nirgend besser zu wohnen. Drum, ihr Gütigen, umgebet uns leicht! Mit uns! Damit kein Fremdes uns stört. Laßt uns unter uns! Das Entscheidende im Führen ist nicht das bloße Vorangehen, sondern die Kraft zum Alleingehenkönnen. Nicht aus Eigensinn und Herrschergelüste, sondern kraft einer tiefsten Bestimmung und weitesten Verpflichtung. Solche Kraft bindet an das Wesentliche, schafft die Auslese der Besten und weckt die echte Gefolgschaft derer, die neuen Mutes sind. Zu uns zu kommen. Und der Boden steht mit uns und unter uns auf. Noch schlafen wir in ihm, doch bald stehen wir auf. Licht der Liebe! Scheinest du denn auch uns Toten, du goldnes! Nichtig und leer, wie Gefängniswände, der Himmel. Eine beugende Last über den Häuptern uns hängt. Jetzt stehn wir auf. Wie jammervoll ist doch diese Zeit. Wir kauern uns zusammen, friedlich zu werden und froh unter den Blumen zu ruhn, zuhaus. Wo stille Wolken uns umschweben, da staunen wir und wissens nicht zu deuten. Am Sommertage, da wir Schatten suchten. Zuhaus. Bei uns. Wollen neue Titanen abermals den Himmel erstürmen? Bleibt doch bei uns! Er wird für euch nicht Himmel sein, denn ihr seid Erdgeborene. Bleibt hier bei uns! Es wird euch bloß der Anblick und die Einwirkung des Himmels entrückt werden, und nur eure Erde als eine kalte finstere unfruchtbare Behausung euch zurückbleiben. Denn sie gehört uns. Hier sitzen wir und rücken nicht. Wir machen uns breit und dürfen es. Wie die Lämmer im Feld, auf grünem Teppiche, den zur Lust uns unsre Mutter gegönnt hat. Es gehört uns. Wohl gehn wir täglich, doch wir bleiben hier.

So mit den Himmlischen allein zu sein, bei uns zuhaus, und geht vorüber das Licht und Strom und Wind, und Zeit eilt hin zum Ort, wo wir den Nachbarn aufs Haupt treten und um Herrschaft zanken. Und unstet wehn und irren, dem Chaos gleich, uns gärendem Geschlecht die Wünsche noch umher. Wohl aufgehoben aber, und zuhaus, gehen wir sicher die ruhige Bahn mit den Füßen. Über uns die stäubenden Wolken. Und es bleibt daheim gern, wer in treuem Busen Göttliches hält, und frei wollen wir, so lang wir dürfen, euch all, ihr Sprachen des Himmels, deuten und singen. Da, wo ein sicheres Licht erscheint. Die Schmerzen, weiß nicht so genau, bei Widerstand kommen sie dann. Und läßt dich und die Prozedur begutachten, was wollt ihr schon wieder beweisen? Den dünnen Schlauch wegen den hohen Tieren, die da waren, durchgesetzt, das werden die sein, die den Wasserentzug anordnen. Das tut weh! Es tut weh! Uns wollen sie nicht! Die Bäume verlassen ihre Plätze. Doch wir bleiben hier, wir gehören hierher. Des Kindes Ruh ist hin, und hin ist Jugend und Lieb und Lust. Doch du, mein Vaterland! Bist heilig Duldendes, siehe, du bist geblieben. Still sind wir vor dem Schicksal. Und bleiben. Zu lieben gemacht, zu leiden. Hier! Schicksallos, wie der schlafende Säugling, atmen die Himmlischen. Und die seligen Augen blicken in stiller ewiger Klarheit. Doch uns ist gegeben, auf keiner Stätte zu ruhn, oder ruhn wir schon längst, im Boden, der uns nicht hergibt? Oder warn wir nie draußen? Ist unsre Ordnung nur auf Gedächtnis gegründet und warn wir nie hier? Reißt man uns aus? Woher kommen wir? Aber wir bleiben hier, hier sind wir zuhaus. Hätten doch dann die übrigen Europäer sich morden mögen in allen Meeren und auf allen Inseln und Küsten: in der Mitte von Europa hätte der feste Wall der Deutschen sie verhindert aneinanderzukommen, hier wäre Friede geblieben, und die Deutschen hätten sich, und mit sich zugleich einen Teil der übrigen europäischen Völker in Ruhe und Wohlstand erhalten. Hier sind wir zuhaus. Das war dem nur den nächsten Augenblick berechnenden Eigennutz des Auslands nicht gemäß, daß es so bliebe. Sie fanden die deutsche Tapferkeit brauchbar, um durch sie ihre Kriege zu führen, und die Hände derselben, um mit ihnen ihren Nebenbuhlern die Beute zu entreißen. Und heimzutragen.

Darum treibt ihn, Erde! Vom Herzen dir sein Übermut, und deine Geschenke sind umsonst und deine zarten Bande, sucht er ein Besseres doch, der Wilde! Der Fremde, tödlich ist ihm unser Boden. Aus Nichts ins Nichts, hart zwischen Nichts und Nichts. Wir sind zuhaus, wer mag uns danken? Wohl tut die Erde zu kühlen. Ein freundliches Licht kommt, und unser warmer Herd entzündet die Luft mit seiner unschädlichen Glut. Und bei des Fremdlings besonderer Stimme stehen die Herden auf. Wir sehen ihn nicht, und gesellte er sich auch zu uns, im Winde klirrten die Fahnen. Bis heute wäre er namlos, ewig hinab in die Nacht verwiesen. Verstummt unter uns Lebenden. Wir aber.

Wir aber. Wir schauen mit offenen Augen und suchen immer nur uns. Wachsen und werden zum Wald.

Die verwendeten Texte sind unter anderem von: Hölderlin, Hegel, Heidegger, Fichte, Kleist und aus den Briefen der RAF von 1973–1977.

JONATHAN RABAN

Gott, der Mensch & Mrs. Thatcher

96 Seiten, englische Broschur, 16,– DM
Steidl Verlag

*

Im Mai 1988 hielt die englische Premierministerin vor der »Generalversammlung der Kirche Schottlands« eine prägnante Rede von so grundsätzlicher und persönlicher Bedeutung, daß sich in ihr der gesamte Charakter ihrer Politik wie ihrer Person enthüllt. Rabans hochgebildete, intelligente Interpretation dieser Rede ist von der angelsächsischen Tugend größter Klarheit und Anschaulichkeit geprägt, von Witz wie von Sinn für das Paradoxe zeugend. Sein Buch ist eine anregend zu lesende Information über die »konservative Revolution« der achtziger Jahre. Rabans Pamphlet wurde bei Erscheinen in den englischen Zeitungen als ein »Sieg der Analyse über die hohle Rhetorik« gefeiert. Der »New Statesman« nannte den Text »die bisher wirkungsvollste, substantiellste und vernichtendste Kritik des Thatcherismus«.

EDWARD CHITHAM

Emily Brontë

Eine Lebensbeschreibung.
Aus dem Englischen
von Tamara Willmann
352 Seiten, Leinen, 38,– DM
Steidl Verlag

*

Sie sei im Stehen am Küchentisch gestorben, behauptet eine der vielen Legenden über Emily Brontë. Die bedeutendste Schriftstellerin Englands des 19. Jahrhunderts ist seit ihrem Tod mit 30 Jahren noch immer die rätselhafteste. Ihre abweisende Verschlossenheit sowie ihr unvergleichlicher Roman einer gewalttätigen Leidenschaft, »Sturmhöhe«, haben einen Mythos um diese Autorin entstehen lassen. Was Chitham über das Leben Emily Brontës herausgefunden hat, ist für den Leser nicht weniger aufregend als die Lektüre des Romans. Sein Buch ist ein Muster dafür, wie heute eine Biographie aussehen sollte: Indem der Biograph wie ein Archäologe seine Fundstücke vor den Augen des Lesers zusammensetzt, entsteht ein so überprüfbares wie authentisches Lebensbild.

NORMAN MANEA

Der Trenchcoat

Erzählung. Aus dem Rumänischen
von Ernest Wichner
112 Seiten, englische Broschur, 16,– DM
Steidl Verlag

*

Ein Trenchcoat hängt eines Morgens an der Garderobe der Beldeanus. Das Haus befindet sich im gut bewachten Funktionärsviertel von Bukarest. Am Abend vorher sind Besucher dagewesen, zwei befreundete Ehepaare, die von dem Luxus in der Villa ganz benommen waren. Hat jemand von ihnen den Mantel vergessen? – Trenchcoats sind die inoffizielle Dienstkleidung der Geheimpolizisten, und da niemand den Besitz des Mantels reklamiert, verdächtigt jeder jeden, bricht selbst in Kreisen der Nomenklatura Panik aus. An Gogols Meisterwerk »Der Mantel« erinnert, in bewußt versteckter Anspielung, der Titel. Norman Manea hat eine moderne klassische Erzählung geschrieben, die die Sprachwerdung der Not einer zum Schweigen verurteilten Nation darstellt – ausgelöst durch einen stummen Gegenstand, der leeren Hülle des abwesenden Menschen.